Inhalt

Neues vom Österreichtransit

Kernthesen

Beitrag

Fallbeispiele

Weiterführende Literatur

Impressum

GENIOS WirtschaftsWissen Nr. 12/2003 vom 08.12.2003

Neues vom Österreichtransit

I. Zeilhofer-Ficker

Kernthesen

- Die zum Ende des Jahres 2003 auslaufende Ökopunkteregelung für Transitfahrten durch Österreich wurde soeben vom Vermittlungsausschuss zwischen Parlament und Kommission der EU um weitere 3 Jahre verlängert.
- Der gefundene Kompromiss erlaubt es allen LKWs der Abgasnorm Euro-3 oder Euro-4 ohne Punkteabzug durch Österreich zu fahren.
- LKWs der Emissionsklasse Euro-0 werden im Ausgleich dafür ab 2004 ganz verboten, nur in Griechenland registrierte Fahrzeuge dieser Norm sind weiterhin erlaubt.

- Betroffen sind ab Mai 2004 auch die Laster aus den neuen EU-Mitgliedsländern im Osten, die bisher ohne Einschränkung fahren durften.
- Österreich ist mit der Vereinbarung unzufrieden und hat neben einer Klage beim europäischen Gerichtshof auch mit verschärften Kontrollen sowie Fahrverboten gedroht.

Beitrag

Die Ökopunkte-Regelung

Abgase bedrohen Mensch und Natur

Abgase wie beispielsweise Stickoxide stellen nicht nur für Menschen eine Belastung und Gesundheitsgefährdung dar, auch gesamte Lebensräume leiden darunter. Die hochsensible Fauna und Flora im Alpenraum leidet besonders unter der steigenden Belastung des Alpentransitverkehrs durch Österreich und die Schweiz. Die EU hat daher Jahresgrenzwerte für

Abgaskonzentrationen festgelegt, deren Überschreitung die betroffenen Länder zu Gegenmaßnahmen ermächtigt. (1), (www.europa.eu.int)

Ein Großteil der Schadstoffemissionen, vor allem Stickstoffdioxid, stammt vom Güterverkehr auf der Straße, der rapide steigende Zuwachsraten vorzuweisen hat. (1)

Transitvertrag als Beitrittsbedingung für Österreich

Diese Entwicklung voraussehend hat Österreich im Zuge der Beitrittsformalitäten zur Europäischen Gemeinschaft eine Transitvereinbarung geschlossen, die Ende des Jahres 2003 ausläuft. Mit diesem Vertrag verpflichteten sich die EU-Mitgliedsländer, den Schadstoffausstoß der LKWs bei der Querung der Alpen durch Österreich von 1992 bis 2003 um 60 Prozent zu reduzieren. (2)

Als Hilfsmittel dazu wurde eine Anzahl von sogenannten "Ökopunkten" festgelegt, die von Jahr zu Jahr reduziert, an die einzelnen Länder verteilt wurden. Bei jedem Alpentransit wurde dem LKW und damit dem Land, in dem er registriert war, eine

Anzahl von Minuspunkten zugeschrieben, abhängig von der Schadstoffklasse, der er entsprach. (3)

LKWs alter Bauarten, die mehr Schadstoffe ausstoßen, verbrauchten mehr Ökopunkte als neue Trucks, die den höchsten EU-Abgasnormen entsprechen. Zweifellos auch wegen dieser Regelung hat sich die Lastwagen-Flotte, die Tag für Tag über die Alpen rollt, modernisiert. Trotzdem wurde wegen der gleichzeitigen immensen Erhöhung des Gesamtverkehrs das Ziel der 60prozentigen Schadstoffminderung nicht erreicht. (2)

Österreichs Gegenmaßnahmen

Ja, im Gegenteil. Schon 1999 verbrauchten die europäischen LKWs weit mehr Ökopunkte, als ihnen zugeteilt wurden. 2002 wurde der Jahresgrenzwert von Stickstoffdioxid auf Teilstücken der Inntalautobahn überschritten. Als Gegenmaßnahme erließen die österreichischen Behörden im Oktober 2002 ein Nachtfahrverbot für den Schwerverkehr. Zur weiteren Emissionseindämmung erließ das Bundesland Tirol im Mai 2003 ein generelles Fahrverbot für Schwerlastfahrzeuge mit bestimmten Gütern auf einem Teilstück der hoch belasteten Autobahn. Das Fahrverbot sollte im August 2003 in Kraft treten.

Da dieses generelle Fahrverbot als Behinderung des in der EU garantierten freien Güterverkehrs gesehen wurde, legte die europäische Kommission unterstützt von der Bundesrepublik Deutschland und Italien Klage beim Europäischen Gerichtshof dagegen ein und erreichten über eine einstweilige Verfügung, dass Österreich das Fahrverbot aussetzen musste. (www.europa.eu.int)

Erbost nicht nur über diese Entscheidung schlugen die österreichischen Politiker einen harten Kurs bei den Neuverhandlungen der Transitvereinbarung ein und lehnten einige Kompromissvorschläge rigoros ab. Das Ergebnis ist nun ein Mehrheitsbeschluss gegen die Stimmen von Österreich, der weit weniger Forderungen Österreichs erfüllt, als frühere Kompromissangebote. (4)

Die EU-Vereinbarung für die Jahre 2004 bis 2006

Nach harten Verhandlungen im Vermittlungsausschuss von EU-Parlament und Kommission bis zur letzten Stunde wurde am 25.11.03 gegen die Stimme von Österreich der folgende

Beschluss gefasst.

Ökopunkte nur noch für "dreckige" Laster

Insgesamt 6,59 Millionen Punkte werden 2004 verteilt werden, in den beiden darauf folgenden Jahren jeweils 5 Prozent weniger. LKWs der Schadstoffnormen Euro-4 und Euro-3 verbrauchen keine Ökopunkte mehr (bisher 5 Punkte pro Fahrt). Im vergangenen Jahr wurden bereits 42 Prozent aller Transitfahrten durch Österreich von LKWs dieser Schadstoffklassen durchgeführt, bis Ende 2004 wird erwartet, dass diese LKWs bereits 77 Prozent der Fahrten ausmachen. Österreich sieht deshalb in der Freigabe dieser Klassen einen Freibrief für unbegrenzte Transportfahrten durch ihr Land. (5), (6)

Fahrzeuge der Klasse Euro-0, die schon jetzt weniger als 3 Prozent des Transitaufkommens verursachen, dürfen ab 2004 im Gegenzug nicht mehr für Transitfahrten durch Österreich eingesetzt werden. Ausgenommen davon sind in Griechenland registrierte Fahrzeuge, die laut Österreich auch jetzt schon den Löwenanteil dieser Dreckschleudern stellen. (3), (6)

Punkte verbrauchen also künftig nur noch Laster der

Klassen Euro-1 und Euro-2. Allerdings sind künftig nicht nur Punkte für den Nord-Süd-Transit, sondern auch für den Ost-West-Verkehr nötig. Davon betroffen sind vor allem die Beitrittsländer des Ostens, die ab Mai 2004 ebenfalls der Ökopunkteregelung unterliegen. (5)

Europäische Schwerverkehrsabgabe als Ersatz

Klar herausgestellt wurde vom EU-Vermittlungsausschuss, dass der gefundene Kompromiss nur als Übergangslösung zu sehen ist. Spätestens bis 2006 will man sich auf eine europaweit einheitliche Schwerverkehrsabgabe geeinigt haben, die die Ökopunkteregel endgültig ersetzen soll. (3)

Alternative Bahn?

Die Empörung über den Mehrheitsbeschluss war verständlicherweise groß in Österreich. Entgegenhalten muss man aber, dass nur 11 Prozent des gesamten LKW-Verkehrs in Österreich Transitfahrten sind. Die angedrohten unilateralen Gegenmaßnahmen wie Fahrverbote und Blockaden würden also in erster Linie die österreichischen Unternehmen selbst treffen. (7), (8)

Vorwerfen muss man Österreich zudem, dass es in den letzten Jahren versäumt wurde, genügend in die notwendige Infrastruktur zu investieren, um einen höheren Anteil des Verkehrs auf die Schiene zu verlagern. Der längst geplante Brenner-Basistunnel, Zentralprojekt für die Ausweitung der Bahnkapazitäten über die Alpen, wurde lange Zeit von der österreichischen Politik verzögert. (1)

Die verlangte Verlagerung von mehr Transporten von der Straße auf die Schiene wird erst möglich sein, wenn die entsprechende Infrastruktur geschaffen ist. Die fehlende Bahnkapazität und ein Mangel an entsprechenden Dienstleistungsangeboten sind schon heute der ausschlaggebende Grund für die Engpässe beim Gütertransport auf der Schiene. Selbst die österreichischen Spediteure verlangen einen Strategiewechsel der Politik hin zur weitergehenden Förderung des kombinierten Verkehrs. (9), (10)

Fallbeispiele

AlpFRail - Gesamtkonzept für den alpinen Güterverkehr auf der Schiene

Als wichtigen ersten Schritt zur Verbesserung des transalpinen Güterverkehrs auf der Schiene fördert die EU das internationale Verkehrsprojekt "Alpine Freight Railway" (AlpFRail). Das LKZ Prien wurde mit der Durchführung von AlpFRail beauftragt, d. h. mit der Analyse des Güterverkehrs im Alpenraum und mit der Erarbeitung von Vorschlägen für ein Gesamtkonzept. Das Projekt soll 3 Jahre laufen und ist mit einem Budget von 3 Mio. Euro ausgestattet. Ziel ist es, das Schienennetz im Alpenraum so miteinander zu vernetzen, dass ein optimaler Gütertransport gewährleistet wird. Außerdem sollen die Mittelmeerhäfen angebunden werden. (14)

Erweiterung des Angebotes der "Rollenden Landstraße"

Zur Verlagerung des Güterverkehrs von der Straße auf die Schiene tragen vermehrt auch die Züge der sogenannten "Rollenden Landstraße" (RoLA) bei. Erst kürzlich wurde die Kapazität der Strecke Manching-

Brennersee von 140 auf 168 Züge pro Woche erhöht. (15) Die neue Verbindung Salzburg nach Palmanova (Italien) soll bis zu 11 000 Transit-LKWs pro Jahr von der Straße auf die Schiene bringen. (16)

Geplant ist außerdem ein Ausbau des unbegleiteten Verkehrs sowie der Aufbau der Infrastruktur für eine Rollende Landstraße von Regensburg nach Ungarn. Regensburg plant zusätzlich den Ausbau des Kombinierten Verkehrs nach Bulgarien. Beide Maßnahmen sollen zur Bewältigung des zu erwartenden steigenden Ost-West-Verkehrs durch Österreich beitragen. (17)

Weiterführende Literatur

(1) Frank, Michael, Streit der Schlawiner, Süddeutsche Zeitung, 04.08.2003, Ausgabe Deutschland, S. 4
aus is report, Heft 10/2003, S. 24-28

(2) Frank, Michael, Wien erwägt Klage gegen Transit-Recht, Süddeutsche Zeitung, 28.11.2003, Ausgabe Deutschland, S. 9
aus is report, Heft 10/2003, S. 24-28

(3) Neues EU-Transitregime für Österreich Wegfall der Quotenregelung für "saubere" Lastwagen
aus Neue Zürcher Zeitung, 27.11.2003, Nr. 276, S. 1

(4) Harte Verhandlungen um jeden Ökopunkt
aus WirtschaftsBlatt, 21.11.2003, Nr. 2001, S. 118

(5) Weniger Schadstoffe, mehr Verkehr EU weicht Ökopunkte-Regelung für Lkw-Transit durch Österreich auf. Osteuropäer und kleine Straßen aber einbezogen
aus taz, 27.11.2003, S. 9

(6) Erleichterungen im Österreichtransit, DVZ, Nr. 142, 27.11.2003
aus taz, 27.11.2003, S. 9

(7) Österreich bringt Brüssel nicht aus der Ruhe Nach Transit-Desaster werden Rachegelüste wach
aus WirtschaftsBlatt, 27.11.2003, Nr. 2005, S. 111

(8) Dr. Trauner, Rudolf, Zurück auf den Boden der Realität, DVZ, Nr. 136, 13.11.2003
aus WirtschaftsBlatt, 27.11.2003, Nr. 2005, S. 111

(9) Klotz, Heinrich, KV soll mit einer Stimme sprechen, DVZ, Nr. 126, 21.10.2003
aus WirtschaftsBlatt, 27.11.2003, Nr. 2005, S. 111

(10) "Mit Verboten schiessen wir nur Eigentore" Österreichs Spediteure fordern Strategiewechsel in der Transitpolitik in Richtung kombinierter Verkehr
aus WirtschaftsBlatt, 28.11.2003, Nr. 2006, S. 16

(11) Österreich könnte Transitvertrag einklagen, DVZ, Nr. 143, 29.11.2003
aus WirtschaftsBlatt, 28.11.2003, Nr. 2006, S. 16

(12) Tag nicht vor dem Abend loben, DVZ, Nr. 142, 27.11.2003
aus WirtschaftsBlatt, 28.11.2003, Nr. 2006, S. 16

(13) Seifert, Wilf, Zankapfel Alpenquerung, DVZ, Nr. 140, 22.11.2003
aus WirtschaftsBlatt, 28.11.2003, Nr. 2006, S. 16

(14) Schub für den Kombinierten Verkehr durch die Alpen, DVZ, Nr. 144, 02.12.2003
aus WirtschaftsBlatt, 28.11.2003, Nr. 2006, S. 16

(15) 20 Prozent mehr Kapazität auf der Brenner-RoLa, DVZ, Nr. 120, 07.10.2003
aus WirtschaftsBlatt, 28.11.2003, Nr. 2006, S. 16

(16) Zusätzlich 11.000 Lkw auf Schiene Neue Rollende Landstrasse nach Italien
aus WirtschaftsBlatt, 28.11.2003, Nr. 2006, S. 16

(17) Klotz, Heinrich, Ostbayern-Dynamik, Neue Kombi-Angebote sollen das Gueterverkehrszentrum (GVZ) Regensburg als Standort im Raum Ostbayern noch attraktiver machen, DVZ, Nr. 320, 07.10.2003
aus WirtschaftsBlatt, 28.11.2003, Nr. 2006, S. 16

Impressum

Neues vom Österreichtransit

Bibliografische Information der deutschen Nationalbibliothek

Die Deutsche Nationalbibliothek verzeichnet diese Publikation in der deutschen Nationalbibliografie; detaillierte bibliografische Daten sind im Internet über http://dnb.d-nb.de abrufbar.

ISBN: 978-3-7379-1029-3

© 2015 GBI-Genios Deutsche Wirtschaftsdatenbank GmbH, Freischützstraße 96, 81927 München, www.genios.de

Alle Rechte vorbehalten. Dieses Werk ist einschließlich aller seiner Teile – z.B. Texte, Tabellen und Grafiken - urheberrechtlich geschützt. Jede Verwertung außerhalb der Grenzen des Urheberrechtsgesetzes bedarf der vorherigen Zustimmung des Verlags. Dies gilt insbesondere auch für auszugsweise Nachdrucke, fotomechanische Vervielfältigungen (Fotokopie/Mikroskopie), Übersetzungen, Auswertungen durch Datenbanken oder ähnliche Einrichtungen und die Einspeicherung und Verarbeitung in elektronischen Systemen.